AF561109

ESQUISSE BIOGRAPHIQUE

MISS

EMMA THURSBY

Opinion de la Presse Européenne

PARIS
IMPRIMERIE CHAIX
IMPRIMERIE ET LIBRAIRIE CENTRALES DES CHEMINS DE FER
SOCIÉTÉ ANONYME
Rue Bergère, 20, près du boulevard Montmartre
1881

MISS

EMMA THURSBY

C'est dans le ciel de la jeune Amérique que se lèvent maintenant les étoiles du chant. Après la PATTI qui tient à notre vieille Europe par sa naissance en Espagne et par la nationalité italienne de ses parents, voici MISS EMMA THURSBY, que le Nouveau Monde peut réclamer sans conteste, et qui prend sa place dans la constellation où brillaient déjà l'illustre ADELINA et CHRISTINE NILSSON sa glorieuse rivale.

MISS EMMA THURSBY est née à Brooklyn, près de New-York, en l'année 1854. C'est aujourd'hui une belle et grande jeune fille, d'une physionomie charmante et sympathique. Le front large et découvert révèle une intelligence remarquable dont les traits fermes du visage attestent la solide et persévérante volonté. L'œil rayonnant et plein de franchise a la flamme de l'esprit; la bouche, qui dans son épanouissement laisse éclater la blancheur des dents, a le sourire gracieux de la bonté, tandis que les lignes nettes et décidées du menton trahissent l'énergie du cœur viril, qui bat sous cette opulente poitrine de femme.

L'énergie, en effet, est un des traits distinctifs du caractère de miss Thursby, et c'est grâce à sa vaillance qu'elle a su, en triomphant de la fortune adverse, se faire une place enviée parmi ses rivales.

Miss Thursby, née dans l'opulence et endormie dans la sécurité, s'est, un jour, réveillée dans les désastres de la ruine.

Son père, grand constructeur de navires, commandait à toute une armée d'ouvriers et possédait de vastes chantiers, dont les constructions étagées dans la plaine offraient l'aspect d'une vaste cité.

Ce robuste travailleur qui ne se donnait de relâche ni jour ni nuit, tomba terrassé par la maladie. Les médecins ne comprenant rien à son mal lui conseillèrent de passer l'Atlantique, et M. Thursby cingla vers notre vieille Europe, cherchant à retrouver sa santé perdue. Il y resta deux années. Après cette longue absence, lorsqu'il rentra chez lui, il trouva ses affaires compromises et son industrie ruinée.

Le chagrin qu'il ressentit de ce désastre fut plus fort que la maladie et l'atteignit plus sûrement. M. Thursby mourut, ne laissant rien à ses sept enfants que le souvenir d'une vie de labeur et le nom d'un honnête homme.

A cette époque miss Emma n'avait que dix-huit ans, mais elle était l'aînée de la famille et c'était sur elle que reposaient toutes les espérances de la pauvre maisonnée.

Elle accepta son devoir résolûment et pensa tout d'abord à tirer parti de sa voix, dont les commensaux de la maison Thursby connaissaient depuis longtemps le charme irrésistible.

L'ÉCLOSION D'UN ROSSIGNOL

Dès son enfance, miss Emma avait manifesté du goût pour la musique, et ses heureuses dispositions pour l'art du chant avaient été développées, grâce à la prévoyance de ses parents, par un enseignement sérieux et systématique.

Celui qui eut l'honneur de diriger ses premières

études était un artiste célèbre à New-York, il signor Achille Errani, disciple de Vaccaï.

M. Errani enseigna à miss Thursby les secrets du chant sans se douter qu'il mettait entre les mains de cette jeune fille opulente, l'arme avec laquelle elle se défendrait contre les assauts de la fortune ennemie.

Mais M. Errani n'a pas été le seul à diriger la voix et le talent de miss Thursby. Outre les conseils de Lamperti, que la jeune cantatrice alla réclamer à Milan, elle travailla dans sa patrie avec Mme Rüdersdorff, dont le nom n'est pas moins honoré en Amérique que celui de M. Errani.

Cependant l'heure était venue pour miss Thursby de tirer parti de son talent, qui ne lui avait valu jusqu'alors que des succès d'amateurs. Élevée par une famille pieuse et puritaine, elle ne songea pas un instant à se diriger vers le théâtre, qui lui promettait des triomphes retentissants, mais elle alla modestement frapper à la porte d'une église, sollicitant l'honneur de mêler sa voix céleste aux cantiques du sanctuaire.

C'est là, sous les voûtes du temple, que miss Thursby fut sacrée artiste et que naquit cette jeune renommée qui ne devait pas tarder à remplir l'ancien et le nouveau monde.

Comment se décida-t-elle à sortir de cette pieuse retraite? M. Montjoyeux nous l'a spirituellement conté dans *le Gaulois*.

« Un jour, dit-il, Maurice Strakosch traversait New-York : Strakosch que vous connaissez, le beau-frère d'Adelina Patti, Christophe Colomb des gosiers d'or, musicien complet, le premier et le dernier des impresarii.

» On lui conta l'affaire de miss Emma. Le lendemain il suivait la foule et se rendait pieusement au temple. Pieusement ou curieusement, je ne sais pas, et qu'importe! Le vrai, c'est qu'il écouta fort peu l'office, mais il fut plongé dans les mystiques extases en entendant la chanteuse invisible... A l'issue de la cérémonie, l'impresario se faisait présenter à miss Thursby et lui soumettait les propositions les plus brillantes. La jeune cantatrice avait-elle le droit de les refuser? Pouvait-elle repousser la fortune qui lui revenait, repentante de ses anciennes rigueurs? Pouvait-elle enfin cacher plus longtemps ce trésor qu'elle avait reçu du ciel, cette voix merveilleuse faite pour donner les nobles et pures jouissances de l'art. »

Certes non et d'autant moins que l'on respectait ses scrupules pieux. Ce qu'on lui demandait, c'était non pas de monter sur les planches du théâtre, mais tout simplement sur l'estrade du concert

Dans ces conditions, miss Thursby signa l'engagement proposé et après quelques semaines d'études complémentaires, faites sous la direction de son impresario en personne, elle fit sa première apparition devant le public. Ce fut une surprise pleine de ravissement pour l'auditoire, et un triomphe plein de douceur pour la jeune artiste. A partir de ce moment la réputation de miss Thursby était faite en Amérique, il ne lui restait qu'à la faire consacrer par le grand public de Londres, de Vienne, de Berlin et de Paris.

LA CANTATRICE

La voix de MISS THURSBY est un soprano sfogato, qu'elle conduit sans effort jusqu'au *fa* suraigu. Par la pûreté cristalline de son timbre, par la précision instrumentale avec laquelle elle attaque les notes élevées, par la correction et la largeur de son style, la jeune cantatrice évoque irrésistiblement le souvenir de JENNY LIND chez tous les dilettantes qui ont eu l'avantage d'entendre cette artiste phénoménale. Comme Jenny Lind, miss Thursby a, du reste, une propension marquée pour la musique classique et c'est dans le *canto spianato* de la mélodie de MOZART, qu'elle met toutes les séductions de sa voix et tous les artifices de son impeccable talent. Le brevet de grande cantatrice décerné à MISS THURSBY par le public européen comme par le public américain, a été contresigné par tous les grands critiques de la presse anglaise, allemande et française. Dans l'impossibilité de reproduire ici tous ces témoignages de haute satisfaction qui constituent pour Miss Thursby de véritables lettres de noblesse artistique, nous allons nous borner à quelques extraits.

LES TITRES DE NOBLESSE

Voici d'abord ce que disait le *Times* de la jeune virtuose, à sa première apparition en Angleterre :

« Miss Emma Thursby, la cantatrice américaine, s'est fait entendre à ce concert. Sa voix est un soprano extraordinairement élevé, d'un timbre des plus sympathiques. Elle la conduit avec une excellente méthode, qui a su s'affranchir du maniérisme à la mode, elle n'a rien de ce *tremolo* perpétuel et de cet abus du *portamento* que l'on trouve chez la plupart des prime-donne contemporaines. Il est à remarquer aussi que l'émission de sa voix, spécialement dans les registres élevés, est d'une pureté et d'une aisance étonnantes. Le premier morceau qu'elle nous a fait entendre était un air de Mozart « *Sperai vicino* » dont les difficultés sont vraiment extraordinaires. L'étendue peu commune de la voix qu'il suppose, — il s'élève jusqu'au *mi* suraigu, — suffirait à révéler sa destination et à montrer qu'il a été écrit par Mozart pour Aloysia Weber, celle qui posséda son premier amour et qui devait plus tard devenir sa belle-sœur. A l'exception des deux airs de la reine de la nuit dans *la Flûte enchantée*, nous ne connaissons pas dans le répertoire moderne de morceau qui demande une voix plus flexible et mieux exercée. Miss Thursby est une des rares cantatrices capables de chanter ces pièces en respectant le texte original. »

De son côté le *Daily News* se montrait extrêmement favorable à la nouvelle virtuose.

« Miss Thursby, disait-il, a excité le même enthousiasme à sa dernière apparition qu'à la première.

» Sa vocalisation brillante et fleurie s'est fait apprécier surtout dans un air de Mozart : « *Ma che vi fece o stelle* » un morceau de bravoure d'une difficulté sans pareille. »

En rendant compte du concert classique donné par le *Leslie's choir*, le *Times* ajoutait encore :

« Miss Emma Thursby en chantant l'hymne de Mendelssohn : « *Hear my prayer* » a victorieusement prouvé que le style fleuri n'est pas le seul moyen d'expression qu'elle ait à son service. Elle a rendu la touchante phrase de ce morceau : « *Oh for the wings* » avec une tendresse qui allait droit au cœur. »

Du reste, à mesure que Miss Thursby se faisait mieux connaître et multipliait ses auditions, la presse anglaise tout entière, celle de la province comme celle de la capitale, s'unissait dans un concert de louanges, qui rendit bientôt la nouvelle Jenny Lind aussi célèbre et aussi populaire que son illustre devancière.

L'Allemagne ne se laissa pas distancer par l'Angleterre, et dès les premiers pas de Miss Thursby dans la patrie d'Henriette Sontag, l'éminente cantatrice fut accueillie par des paroles de bienvenue et de joyeuses acclamations.

Voici ce que disait d'elle, lors de sa première apparition à Vienne, le docteur Hanslick, dans *la Nouvelle Presse libre* du 27 novembre :

« Miss Thursby a justifié, hier, et d'une manière éclatante, son grand renom de cantatrice de concert qui avait précédé sa venue parmi nous. Avant même d'avoir ouvert la bouche elle avait déjà fait une sorte de miracle, car le *Musikvereinsaal* était absolument comble. Antoine Rubinstein et Joachim seuls avaient réussi dans ces dernières années à opérer le même prodige.

» Miss Thursby est douée d'un soprano d'une étendue remarquable et d'un timbre sympathique. Ses notes élevées, douces et claires comme celle d'une flûte font penser à Jenny Lind.

» Cette voix magistralement posée, exécute avec une égale aisance le *portamento*, le *crescendo* et le *decrescendo*, les gammes de toutes espèces, les ornements, les roulades et les brusques sauts d'intervalles.

» Nous avons rarement entendu attaquer les notes élevées, avec autant de facilité et de précision, et nulle cantatrice ne dépasse cette jeune Américaine pour l'exécution impeccable du *staccato* et pour l'étonnante égalité du trille.

» Miss Thursby nous a fait entendre un air de concert de Mozart : *mia Speranza adorata*, la grande scène du quatrième acte d'*Hamlet* d'Ambroise Thomas et l'air de bravoure de l'*Étoile du Nord*, de Meyerbeer, avec accompagnement de deux flûtes obligées.

» Rappelée à plusieurs reprises aux acclamations de toute la salle, Miss Thursby chanta par surcroît deux *lieder* allemands : L'*Écho* d'Eckert et les *Petits oiseaux* de Taubert, deux productions que Jenny Lind avait été la première à faire valoir.

» La brillante interprétation de ces divers morceaux, brodés de tous les ornements de la vocalise, a fait naître la surprise et l'admiration dans tout l'auditoire. »

Après cette note enthousiaste donnée par un des écrivains les plus compétents et les plus justement renommés de l'Allemagne, tous les critiques viennois répandirent à profusion les fleurs sur la nouvelle cantatrice, que M. Strakosch avait eu le bonheur et l'adresse de découvrir.

« Toutes les qualités qu'une éducation vocale bien conduite, disait le *Wiener Signale*, peut donner à une artiste, miss Thursby les possède au plus haut degré. Les *staccati*, les trilles, les gammes, en un mot : tous les ornements mélodiques sont rendus avec une pureté incomparable. Elle chante avec un goût dont on ne peut se faire une idée. Durant notre longue carrière de critique, nous ne nous rappelons pas avoir entendu à Vienne, à Paris, à Londres, à Milan, à Madrid, une cantatrice de concert qui, à l'exception d'Adelina Patti, puisse soutenir la comparaison avec miss Thursby, pour l'éclat et la perfection de son chant. »

Le *Wiener Extrablatt* n'est pas moins enthousiaste que ses confrères.

» Miss Thursby, dit-il, possède une voix d'un timbre délicieux, assouplie dans la perfection par des études dirigées avec un art, dont les élèves de M. Strakosch, paraissent jusqu'à présent avoir le monopole. Les gammes, les trilles, les *staccati*, montant jusqu'aux extrêmes limites de la voix humaine, s'échappent, en perles, des lèvres de miss Thursby, avec aussi peu d'efforts que la simple parole tomberait de la bouche d'un orateur.

» Sa pose de voix est la plus naturelle du monde, sa *mezza voce* est d'une teinte enchanteresse, sa manière de phraser est marquée au coin du goût le plus fin et le plus délicat. »

Enfin, pour citer un journal spécial, rappelons trois lignes seulement d'une correspondance adressée à la *Deutsche Musikerzeitung* de Berlin.

» Une cantatrice de cette valeur, dit ce journal, avec ses admirables oppositions de nuances, son goût exquis, sa virtuosité prodigieuse et sa surprenante pureté dans l'exécution de tous les artifices du chant fleuri, est une véritable merveille et, de mémoire d'homme, on ne se rappelle pas avoir entendu sa pareille! »

LE TOUR D'EUROPE

Précédée par sa glorieuse renommée, miss Thursby parcourut ainsi une partie de l'Allemagne. Partout elle retrouva l'accueil qu'on lui avait fait à Vienne.

A Hambourg, elle fut accueillie en reine du chant, et d'emblée on la classa entre la Patti et Jenny Lind. Avec la souplesse naturelle à son talent, pour ce nouveau public, elle avait renouvelé son répertoire, et c'est surtout dans des compositions de Taubert, de Chopin et d'Édouard Lassen qu'elle se fit applaudir. Par une délicate attention, elle avait placé sur son programme la célèbre romance : *Si vous n'avez rien à me dire*, de la baronne Willy de Rothschild, laquelle habite, comme on sait, la grande cité hanséatique.

« Pour caractériser d'un mot l'effet de la soirée, dit le *Hamburgischer Correspondent*, nous dirons que la célèbre cantatrice a fait naître une admiration sans bornes, tant pour l'éclat exceptionnel de sa voix que par la perfection de son chant et de son style. »

A Berlin, miss Thursby trouva un public non moins sympathique, et là, comme à Vienne, elle fut jugée à sa valeur pour un des princes de la critique, M. Ferdinand Gumbert, dont la plume, à la fois littéraire et musicale, a conquis une autorité légitime par toute l'Allemagne.

« La voix de miss Thursby, disait M. Gumbert, est un soprano d'une étendue remarquable, d'une sonorité riche mais toujours noble et sympathique. La technique de la cantatrice est réellement extraordinaire ; le legato et le staccato sont d'une pureté merveilleuse, la respiration est longue et profonde, le trille est perlé et soutenu sans efforts. »

A Bade, la nouvelle Jenny Lind eut l'honneur de chanter devant un parterre de princes. L'empereur d'Allemagne, l'impératrice, la grande-duchesse, le grand-duc héritier, la princesse Victoria applaudirent miss Thursby comme de simples mortels et l'accablèrent des compliments les plus flatteurs.

A Strasbourg, elle reçut une hospitalité artistique du meilleur augure pour les triomphes qui l'attendaient en France. Elle y fut appréciée par un journaliste-musicien M. F. Schwab, dont la compétence rendait l'enthousiasme doublement précieux.

« Le concert donné hier, dans la grande salle du théâtre, par la cantatrice américaine miss Emma Thursby, disait M. Schwab, a été pour la jeune artiste un triomphe achevé et pour ses auditeurs un enchantement de près de deux heures, nous allions dire un rêve mélodieux dont l'impression dure encore. Un public nombreux a ratifié par des démonstrations sincèrement enthousiastes les jugements que toute l'Europe musicale aura bientôt portés sur cette émule de Jenny Lind et d'Adelina Patti.

» Rien de trop n'avait été dit sur cette voix dont la pureté et le charme indicible donnent un prix infini à chaque note de ce style exquis qui moule admirablement l'intention des auteurs, de cette gamme enfin qui embrasse dans son extraordinaire étendue plus de trois octaves, égales comme un clavier, tout en ayant chacune un timbre d'une nuance différente. Et quelle flexibilité sans pareille, qui permet à la chanteuse de battre des trilles sur le *la dièze* aigu, sans que le moindre effort vienne trahir la résolution de ce problème exceptionnel.

» Dès les premières mesures de l'air de Mozart : *Ah ! non sai,* miss Emma Thursby, dont la personne est aussi gracieuse et sympathique que son talent est grand, avait fait la conquête de son auditoire. Elle a dit cet air de concert, qu'ornent de délicates broderies et des notes piquées suraiguës, d'un style exemplaire et d'une voix qui semblait rivaliser en pureté et en éclat avec les diamants qui brillaient à profusion sur la robe de satin blanc de la chanteuse.

La *Calandrina*, simple ariette de Jomelli, datée de 1730, a mis en relief le côté enjoué de ce talent multiple et riche qui allait se montrer à son apogée dans la scène de folie d'*Hamlet*, d'Ambroise Thomas.

« Miss Thursby, qui au dernier moment et par une attention délicate dont on lui a su un gré infini, avait modifié son programme pour y introduire cette page d'un maître français, y a trouvé un triomphe complet. Sa voix agile et vaste n'a pas eu de peine à parcourir les gammes chromatiques suraiguës qui abondent dans cette création de la Nilsson, tandis que les passages larges, tels que la légende des Willis, ont été dits avec un profond sentiment dramatique. »

Ainsi la jeune virtuose allait de l'Orient à l'Occident, du nord au midi, moissonnant les lauriers sur son passage et partout saluée d'acclamations dont les échos étaient plus d'une fois arrivés jusqu'aux oreilles des dilettantes de Paris.

Ce Paris l'attirait et la fascinait, tout en lui inspirant une timidité qui n'était au fond qu'un excès de modestie.

Est-ce pour cette raison que miss Thursby débuta au concert du Châtelet, d'une manière presque subreptice, ou n'est-ce pas plutôt par une sorte de coquetterie artistique. Je serais tenté de donner la préférence à ce dernier motif. Évidemment la jeune étoile ne voulait devoir son succès qu'à son talent seul ; elle se refusait à bénéficier de sa gloire acquise et peut-être encore voulait-elle s'assurer, par une expérience personnelle, que le goût si vanté du public parisien était une réalité et n'avait pas besoin d'être guidé par les trompettes de la réclame.

Toujours est-il que cette épreuve, qui pouvait devenir dangereuse pour une artiste de moindre mérite, fut décisive pour miss Thursby, et du jour au lendemain son nom fut entouré d'une auréole de célébrité d'autant plus éclatante qu'il était plus inconnu la veille.

Dès ce moment la nouvelle étoile fut de tous les concerts et de toutes les soirées. La grande attraction, c'était miss Thursby et son incomparable virtuosité.

« Il y a trois semaines, disait *le Figaro*, miss Thursby s'est présentée dans la salle du Châtelet, inconnue, tremblante, ayant une peur affreuse de ce public parisien qu'on lui avait dépeint comme le plus féroce du monde.

» Elle a chanté, elle a vaincu. Deux mille voix l'ont acclamée. On lui a prodigué les ovations.

» Depuis elle s'est fait entendre chez Pasdeloup, dans le salon de notre confrère Pierre Véron, chez Ambroise Thomas; la diva est sollicitée partout où l'on donne de grands concerts et partout elle a eu un succès immense.

» Miss Thursby est la Patti des concerts américains. En Amérique ses vocalises sont cotées à des prix énormes. Pour pouvoir entreprendre sa tournée en Europe, Miss Thursby a refusé à des Barnums américains des sommes qui assureraient l'existence de plusieurs familles. Il est vrai qu'il est difficile d'imaginer une voix plus exquise et une facilité d'exécution plus étonnante. Personne n'a compris et chanté le Mozart comme elle; Mozart est du reste son musicien favori.

» Si elle ne s'est fait entendre ce soir que dans les fameuses variations de Proch, c'est bien malgré elle. A ses yeux il n'y a pas de succès complet, quand Mozart n'y est pas pour quelque chose. On comprend bien que la charmante artiste, depuis son passage à Paris, soit sollicitée par tout ce que notre ville renferme d'agents dramatiques. Tous voudraient la faire débuter à l'Opéra. Quelle délicieuse Ophélie cela ferait!

Mais miss Thursby résiste. Le théâtre lui fait peur. Ses succès actuels lui suffisent. »

Elle avait bien raison, du reste, car ces succès étaient tels que de mémoire de dilettante on n'en avait pas vu de plus francs et de plus retentissants.

« La renommée parisienne de Mlle Thursby, écrivait le correspondant de l'*Indépendance belge*, au lendemain d'une fête de bienfaisance donnée dans la grande salle de concert du Trocadéro, la renommée parisienne de Mlle Thursby ne date que de cette saison et déjà la charmante cantatrice est tout à fait lancée. C'est le dernier mot de la virtuosité. Jamais flûte d'argent ne roucoula de plus étonnantes vocalises, jamais stradivarius ne prêta sa chanterelle à de plus périlleux *pizzicati;* mais ce qui double le prix de ces notes piquées, à des hauteurs incalculables, c'est la qualité du timbre qui garde jusque dans les cheveux une suavité, une séduction vraiment exquises. »

DIPLOMES ET BREVETS

Tous les grands journaux parisiens firent *chorus* et chantèrent les louanges de la grande cantatrice américaine. De son côté la presse musicale entonnait des dithyrambes en son honneur et *le Ménestrel*, qui avait été le premier à signaler la nouvelle étoile, ne se lassait pas de célébrer ses triomphes.

Mais parmi tant de témoignages d'admiration qui lui arrivaient de toute part, il en est deux surtout qui allèrent droit au cœur de la jeune cantatrice.

Ce fut d'abord une lettre de *l'Association des artistes musiciens*, signée de noms illustres tel que celui du baron Taylor de l'Institut, le vénérable fondateur de l'Association, auquel venaient s'adjoindre ceux d'Ambroise

THOMAS, de CHARLES GOUNOD, de VICTOR MASSÉ, d'ERNEST REYER, de JULES MASSENET, d'HENRI REBER, de VAUCORBEIL et de DELDEVEZ.

« Mademoiselle, disait cette flatteuse missive, l'enthousiasme avec lequel vous avez été accueillie à Paris ne vous a pas fait oublier ceux qui souffrent parmi les artistes et vous avez voulu vous associer à nous pour faire le bien.

» Nous sommes fiers et heureux de vous compter au nombre de nos adhérents et d'inscrire votre nom déjà célèbre sur nos annuaires comme sociétaire perpétuelle. »

A cette lettre vint bientôt s'en ajouter une autre. Celle-ci émanait de la *Société des Concerts du Conservatoire* où miss Thursby avait eu l'honneur de se faire entendre. Elle lui fut remise avec une médaille commémorative.

« Mademoiselle, disait le célèbre flûtiste Taffanel, secrétaire de la *Société des Concerts,* le comité me charge de vous adresser ses remerciements les plus vifs pour le brillant concours que vous lui avez prêté aux concerts des 3 et 10 avril 1881. La *Société des Concerts*, heureuse d'accueillir un talent aussi accompli que le vôtre et de donner à son public la bonne fortune de vous applaudir, vous prie, mademoiselle, de vouloir bien accepter une médaille commémorative de ces deux séances dont elle gardera toujours le plus charmant souvenir. »

Certes ce sont là de précieux brevets et peu d'artistes peuvent se vanter d'en posséder de semblables.

Munie de ces précieuses attestations, miss Thursby se dirigea sur l'Espagne qu'elle parcourut en véritable triomphatrice.

A Valence, à Barcelone, à Madrid, elle fut reçue avec des démonstrations enthousiastes.

« Miss Thursby, s'écriait un des principaux journaux de la Péninsule, est une de ces cantatrices qui font époque « *es una de esas cantatrices que forman época.* » La pureté de son style, l'imperturbable sécurité avec laquelle elle se lance dans les passages les plus dangereux, et la facilité prodigieuse avec laquelle elle triomphe des difficultés, font de cette éminente artiste la rivale la plus redoutable pour toutes les cantatrices qui tenteraient de lui disputer la palme. »

Passant du Midi au Septentrion, comme les oiseaux migrateurs aux approches du printemps, miss Thursby se transporta, d'un coup d'aile, dans la presqu'île scandinave, où d'avance la renommée avait déjà sonné la fanfare de sa gloire.

La transition pouvait paraître brusque. De l'enthousiasme brûlant des pays du soleil, passer soudain dans les régions froides et sereines du Nord, il semblait que la cantatrice allait se trouver déconcertée par le calme d'un public réservé jusque dans ses démonstrations d'enthousiasme.

Si miss Thursby eut un instant cette crainte, elle dut bien vite se rassurer, car à voir l'accueil qu'on lui fit à son apparition à Copenhague, elle put s'imaginer qu'elle n'avait pas encore quitté l'Espagne.

« Rien que sur le bruit de sa réputation, disait le *National Tidende*, la salle de concert avait été envahie par un public choisi, et cependant nombreux à ce point que bien avant l'ouverture du concert on n'y pouvait plus trouver la moindre place. »

Cet empressement de bon augure avait de quoi flatter la jeune artiste. Aussi chanta-t-elle avec sa perfection accoutumée, et dès les premières mesures, elle put sentir qu'elle avait conquis son public.

« La soirée a été triomphale, disait le *Fædrelandet*, et toutes celles qui suivront le seront de même ; comment en pourrait-il être autrement. Miss Thursby a la voix la plus séduisante du monde, son style est admirable, et sa virtuosité est au-dessus de tout ce qu'on peut s'imaginer. »

« Jamais nous n'avons vu pareil triomphe, disait de son côté le *Morgenbladet* de Christiana, et miss Thursby peut se montrer fière d'avoir été l'objet de si touchantes et sympathiques ovations. »

A Stockholm, le succès de la cantatrice grandit encore, s'il est possible, mais ce fut à Bergen surtout que l'enthousiasme prit les proportions d'un véritable délire.

A la sortie de son concert, les jeunes gens qui venaient de l'applaudir à tout rompre se précipitèrent sur le carrosse de la diva, dételèrent les chevaux et la traînèrent, en véritable triomphatrice, jusqu'aux portes de son hôtel.

« C'est une ovation, dit le *Bergens-Posten*, dont Ole Bull seul peut se vanter d'avoir été l'objet dans notre ville. »

Ainsi miss Thursby marchait de triomphe en triomphe. Partout elle récoltait des lauriers à pleines brassées, et il semblait que sa présence seule faisait éclore les fleurs sous la neige, car les bouquets pleuvaient à ses pieds dès qu'elle entrouvrait ses lèvres.

Ces démonstrations enthousiastes la suivront, n'en doutons pas, dans la nouvelle tournée qu'elle doit entreprendre prochainement, sous la direction de son habile et intelligent impresario, car son nom est aujourd'hui glorieusement connu dans les deux mondes et, dans le ciel de l'art, il n'est pas d'étoile qui brille d'un éclat plus vif et plus pur que l'astre de miss EMMA THURSBY.

PARIS. — IMP. CHAIX, RUE BERGÈRE, 20, PRÈS DU BOULEVARD MONTMARTRE. — 13878-1.

www.ingramcontent.com/pod-product-compliance
Lightning Source LLC
LaVergne TN
LVHW020456230826
846091LV00008BA/3238

* 9 7 8 2 0 1 6 1 2 4 4 3 7 *